— LA DIFFUSION CATÉCHISTIQUE - LYON —

À la rencontre du Seigneur

SEIGNEUR

TU NOUS APPELLES À AIMER

8-11 A[illegible]

DIEU NOUS AIME

DIEU SE FAIT PROCHE

DIEU CRÉE PAR SA PAROLE

DIEU SAUVE ET LIBÈRE

MAME · TARDY

Auteur
La Diffusion Catéchistique-Lyon

Germaine Dujoux (diocèse d'Annecy), Anne Roussel, Sœur Catherine Ethievant (diocèse de Belley-Ars), Sœur Dominique-Marie Girard, Bernadette Pavy (diocèse de Besançon), Bernadette Callewaert, Marie-Christine Ibanez (diocèse de Chambéry), Sylvie Gonthier (diocèse de Saint-Claude), Raymonde Pillard (diocèse de Saint-Étienne). Christophe Raimbault et François Campagnac (frise biblique).

Remerciements :
Mgr Legrez (diocèse d'Albi), Élisabeth Courtois (diocèse d'Annecy), Père Roger Hébert, Père Antoine Desarbre, Père Patrice Chocholski (diocèse de Belley-Ars), Père Jean-Claude Brunetti, Irène Colomb-Prieto (diocèse de Chambéry), Sœur Martine Goury (diocèse de Lyon), Père Jean-Marie Bouhans (diocèse de Saint-Claude), Mgr Lagleize (diocèse de Valence). Les personnes qui ont accepté de relire ces modules et les catéchistes qui les ont expérimentés.

Illustrations et iconographie :

Dieu nous aime
Laure Fournier (couverture). Amandine Wanert (pp. 1-2, 7, 9, 11, 13, 15). Gaëtan Evrard (pp. 3-5, 14-15, 18-19). Claire de Gastold (pp. 6-7). Étienne Jung (pp. 12-13, 19). Dorothée Jost (p. 16). Éric Puybaret (p. 17). Myriam Mollier (p. 20). Fondation Raoul Follereau (pp. 6, 19). Détails de la céramique de Sœur Mercédes (Dourgne), photographies de Bruno Wadoux à l'abbaye Notre-Dame des Neiges (pp. 8, 10). Le Christ de la Chartreuse de Sélignac par Michael Van Beek (p. 11).

Dieu se fait proche
Éric Puybaret (couverture, p. 17). Amandine Wanert (pp. 1, 2, 6, 9, 16, 18-19). Didier Millotte pour le scénario et le dessin, Vincent Roussillat pour la couleur (pp. 3-5). Dorothée Jost (pp. 8-9, 19). Emmanuel Cerisier (pp. 10-11, 19). Laure Fournier (p. 12). Dessins d'Arnaud Zammit et couleurs de Nicolas Delort (pp. 1, 19). Myriam Mollier (p. 20). © Philippe GLORIEUX/CIRIC (p. 6). © Jean-Claude GADMER/CIRIC (p. 7). Association Asmae (p. 7). © Rémi Tournus/ARTimage (pp. 13-15). © Marcel CROZET/CIRIC (p. 13). © Corinne SIMON/CIRIC (p. 14). © Philippe NOISETTE/CIRIC (p. 15).

Dieu crée par sa parole
Florian Thouret (couverture, pp. 16, 19, 21). Laure Fournier (pp. 1, 9, 12, 18). Amandine Wanert (pp. 2-4, 13). Dorothée Jost (pp. 5-7, 10-11, 13, 19). Didier Millotte pour le scénario et le dessin, Vincent Roussillat pour la couleur (pp. 14-15, 19). Éric Puybaret (p. 17). Thibaut Rassat (p. 18). Myriam Mollier (p. 20). © Jacques COUSIN/CIRIC (pp. 2-3).

Dieu sauve et libère
Emmanuel Cerisier (couverture). Didier Millotte pour le scénario et le dessin, Vincent Roussillat pour la couleur (pp. 1-3). Amandine Wanert (pp. 4, 8, 12, 14, 19, 21). Gaëtan Evrard (pp. 5-7, 15-16, 18). Éric Puybaret (pp. 10-11, 17). Myriam Mollier (p. 20). Le Christ de la Chartreuse de Sélignac par Michael Van Beek (pp. 12, 19). © Alain PINOGES/CIRIC (p. 4). © Abbaye de Tamié (pp. 9, 12, 19). ATD Quart Monde/tapori (p. 4). © Rémi TOURNUS/ARTimage (p. 13).

Frise biblique : Catherine Chion.

Pour les modules : *Nihil obstat* reçu le 10 mai 2019, Père Bruno Bataillon.
Imprimatur à usage catéchétique reçu le 14 mai 2019, Père Yves Baumgarten, vicaire général, modérateur de la Curie.
Pour la frise biblique : *Nihil obstat* reçu le 19 mars 2016, Père Bruno Bataillon.
Imprimatur à usage catéchétique reçu le 31 mars 2016, Cardinal Philippe Barbarin, archevêque de Lyon.

Autorisation SECLI n° 2020022.

www.mameeditions.com • www.alarencontreduseigneur.fr
« Loi n° 49-956 du 16 juillet 1949 sur les publications destinées à la jeunesse,
modifiée par la loi n° 2011-525 du 17 mai 2011. »
ISBN : 978-2-7105-0648-5 • Code MDS : MM06485 • N° d'édition : 20181
Achevé d'imprimer par Edelvives (Espagne) en août 2020 • Dépôt légal : septembre 2020

PEFC PEFC/14-38-00260

Dans ce livre, tu trouveras…

Une frise biblique

Les modules
DIEU NOUS AIME
DIEU SE FAIT PROCHE
DIEU CRÉE PAR SA PAROLE
DIEU SAUVE ET LIBÈRE

Des pages à découper

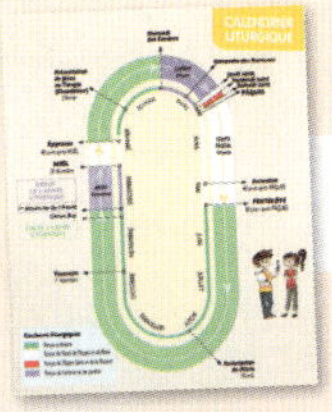

Un calendrier liturgique

Une carte du pays de Jésus

⚠ Afin de permettre aux catéchistes de conserver le même document accompagnateur, la pagination d'origine des modules a été conservée. Cependant, l'ordre des pages a quelquefois été inversé pour des raisons pratiques.

Ton *Carnet de vie* inséré dans le soufflet à la fin du livre

1

Adam et Ève

« Le Seigneur Dieu prit l'homme et le conduisit dans le jardin d'Éden pour qu'il le travaille et le garde. » (Gn 2, 15)

Les origines de l'humanité

Histoire de Dieu avec LES HOMMES

1 Adam et Ève

Leurs noms ont du sens : **Adam**, homme tiré de la terre, et **Ève**, la vivante, celle qui donne la vie. Ils sont le premier homme et la première femme créés, signifiant l'humanité, homme et femme. On ne peut pas dater leur existence mais le récit de leur histoire montre que Dieu reste proche d'eux, même s'ils lui ont désobéi.

2 Noé

Noé est un homme juste, qui écoute Dieu et agit selon sa parole. Il construit l'arche comme Dieu lui a dit et sauve toutes les espèces d'animaux. Avec lui, la vie heureuse redevient possible. Grâce à lui, Dieu fait alliance avec tous les hommes.

2

Noé

« Oui, j'établis mon alliance avec vous : aucun être de chair ne sera plus détruit par les eaux du déluge, il n'y aura plus de déluge pour ravager la terre. » (Gn 9, 11)

3 Abraham et Sara

Le Seigneur dit à Abram : « Quitte ton pays, ta parenté et la maison de ton père, et va vers le pays que je te montrerai. » (Gn 12, 1)

Période des patriarches

Exode : 40 ans

3 Abraham et Sara

Abraham est le modèle de la foi en Dieu car il lui a fait confiance. Il a écouté l'appel du Seigneur à quitter son pays avec sa femme **Sara** et toute sa famille. Il a cru en sa promesse de le guider sur le chemin et de lui donner une descendance, en signe de l'Alliance. Ils ont eu un enfant, Isaac, alors qu'ils étaient déjà très vieux. Et **Abraham** est désormais père, le père de tous les croyants.

4 Joseph

Jalousé et vendu par ses frères, **Joseph** est devenu l'intendant de Pharaon en Égypte. Il a pardonné à ses frères et les a sauvés de la famine en leur donnant de quoi vivre. Il fait partie des « patriarches » qui ont fondé la foi du peuple d'Israël.

5 Moïse

Devant le buisson ardent, **Moïse**, gardant le troupeau, reçoit de Dieu sa mission. Il va libérer le peuple de l'esclavage en Égypte en traversant la Mer, et le mener vers la liberté en Terre promise. Il le guide à travers le désert pendant 40 ans : c'est l'Exode.

4 Joseph

Joseph dit à ses frères : « Vous aviez voulu me faire du mal, Dieu a voulu le changer en bien, afin d'accomplir ce qui se réalise aujourd'hui : préserver la vie d'un peuple nombreux. » (Gn 50, 20)

5 Moïse

« Maintenant donc, va ! Je t'envoie chez Pharaon : tu feras sortir d'Égypte mon peuple, les fils d'Israël. » (Ex 3, 10)

6 Samuel

« Le Seigneur vint, il se tenait là et il appela comme les autres fois : "Samuel ! Samuel !" Et Samuel répondit : "Parle, ton serviteur écoute." » (1 S 3, 10)

Environ 1 000 avant J.-C.

6 Samuel

Samuel, dont le nom veut dire « Celui qui écoute », est prophète. Il a répondu à l'appel du Seigneur.
Il est conseiller du roi Saül puis du roi David, pour l'éclairer sur la volonté de Dieu et lui dire ce qu'il fait de bien ou de mal.

7 David

David est le petit dernier de huit enfants. Il était berger. C'est lui que Dieu a appelé pour être le grand roi d'Israël. Il a choisi Jérusalem comme capitale, et décide d'y placer le Temple (construit par son fils Salomon). On le reconnaît à sa lyre, pour accompagner les psaumes qu'il composait.

7 David

« Le garçon était roux, il avait de beaux yeux, il était beau. Le Seigneur dit alors (à Samuel) : "Lève-toi, donne-lui l'onction, c'est lui !" » (1 S 16, 12)

8

Élie

« Le Seigneur dit à Élie : "Sors et tiens-toi sur la montagne devant le Seigneur, car il va passer"... Et il y eut le murmure d'une brise légère. »
(1 R 19, 11-12)

Entre 900 et 850 avant J.-C.

8 Élie

Élie est le modèle même du prophète. Il annonce la Parole de Dieu dans le royaume du Nord divisé. Il combat les faux prêtres sur le mont Carmel et défend la justice. Il découvre que Dieu est souvent discret mais jamais absent. Il est monté au ciel sur un char de feu, et au temps de Jésus on attendait son retour. On en parle souvent dans le Nouveau Testament.

Entre 800 et 750 avant J.-C

9 Isaïe

Isaïe a reçu de Dieu la mission de conseiller le peuple d'Israël désemparé dans les conflits avec les puissances étrangères. Il prend des exemples concrets pour être bien compris de tous, et énonce les promesses de Dieu si son peuple lui reste fidèle.

9

Isaïe

« J'entendis la voix du Seigneur qui disait : "Qui enverrai-je ? qui sera notre messager ?" Et j'ai répondu : "Me voici : envoie-moi !" »
(Is 6, 8)

10

Daniel

« Mon Dieu a envoyé son ange, qui a fermé la gueule des lions. Ils ne m'ont fait aucun mal, car j'avais été reconnu innocent devant lui. » (Dn 6, 23)

Vers 587 et 400 avant J.-C., exil à Babylone puis période perse

10 Daniel

Pendant l'Exil, **Daniel** était à la cour du roi de Babylone. Il avait le talent pour déchiffrer les songes et comprendre les signes de Dieu. Il a eu la confiance du roi tout en restant fidèle à Dieu. Sa foi était telle qu'il a échappé à l'épreuve de la fournaise et de la fosse aux lions.

11 Esdras et Néhémie

Esdras était prêtre et scribe, **Néhémie** fonctionnaire du roi de Perse Artaxerxès. Ils aident à l'organisation du retour d'Exil en Terre promise, à Jérusalem. Mais après une telle épreuve, qu'est devenu le peuple de Dieu ? **Esdras** énonce de nouvelles applications de la Loi. Et **Néhémie** réalise de nombreuses réformes.

11

Esdras et Néhémie

« Le prêtre Esdras apporta la Loi en présence de l'assemblée, composée des hommes, des femmes, et de tous les enfants en âge de comprendre. » (Ne 8, 2)

12 Jean Baptiste

« Moi, je vous ai baptisés avec de l'eau ; lui vous baptisera dans l'Esprit Saint. » (Mc 1, 8)

14 Jésus

« Confiance, c'est moi ; n'ayez plus peur ! » (Mt 14, 27)

Domination romaine, an 0 à 33

12 Jean Baptiste

Jean, fils d'Élisabeth et de Zacharie était le cousin de Jésus, de six mois son aîné. Il prophétisait dans le désert la venue du Messie. Il se nourrissait de sauterelles et de miel sauvage, vêtu de poils de chameau. Il baptisait dans l'eau du Jourdain les foules qui venaient à lui. Il a baptisé Jésus lui-même. Il meurt en prison, décapité, pour avoir dit la vérité.

13 Marie et Joseph

Marie et **Joseph** de Nazareth sont les parents de Jésus. Ils ont pris soin de Jésus pendant toute son enfance et lui ont permis de grandir dans la foi juive. **Marie** l'a suivi durant sa mission, même jusqu'à la croix. Elle a veillé ensuite sur les apôtres de Jésus comme une maman à qui on peut toujours se confier.

14 Jésus

Jésus de Nazareth est le Christ, le Fils de Dieu. Avec **Jésus**, Dieu a pris visage humain. Par sa parole et par ses actions, il annonce le Royaume, le projet de bonheur de Dieu. Pour sauver les hommes, il est allé jusqu'au bout de l'amour, en scellant la Nouvelle Alliance. C'est pour cela qu'il est mort pour nous sur la croix. Dieu l'a ressuscité. Son amour est plus fort que tout et il est avec nous tous les jours.

13 Marie et Joseph

« Voici que l'ange du Seigneur apparut à Joseph en songe et lui dit : "Joseph, fils de David, ne crains pas de prendre chez toi Marie, ton épouse, puisque l'enfant qui est engendré en elle vient de l'Esprit Saint." » (Mt 1, 20)

15

Pierre

« Tu es Pierre, et sur cette pierre je bâtirai mon Église ; et la puissance de la Mort ne l'emportera pas sur elle. » (Mt 16, 18)

17

Bartimée

« Confiance, lève-toi ; il t'appelle. » (Mc 10, 49)

Domination romaine, 30-65

15 Pierre

Pierre est le premier des apôtres de Jésus. Pécheur du lac de Galilée, il a tout quitté pour suivre celui qu'il est le premier à appeler le Messie. Il a eu du mal à comprendre le mystère de la Passion de Jésus, mais il a toujours eu confiance en lui. Jésus lui a confié son Église.

16 Lazare, Marthe et Marie

Ils sont frère et sœurs. **Marthe** se donne du mal pour bien accueillir Jésus. **Marie**, elle, est très attentive à ses enseignements. Et à la mort de **Lazare**, Jésus vient pleurer avec elles. Mais, devant le tombeau, il tire **Lazare** des liens de la mort. **Marthe** et **Marie** sont les premières à croire que Jésus est la résurrection et la vie.

17 Bartimée

Il est aveugle et mendiant, à la porte de la ville de Jéricho, au bord du chemin. Il croit en Jésus : il peut le guérir de son infirmité et de son isolement. Jésus l'entend et le guérit. **Bartimée** est transformé : il quitte son vieux manteau, et il est avec Jésus et ses disciples sur le chemin de Jérusalem.

16

Lazare, Marthe et Marie

« Jésus aimait Marthe et sa sœur (Marie), ainsi que Lazare. » (Jn 11, 5)

18

Zachée

« Il courut donc en avant et grimpa sur un sycomore pour voir Jésus, qui allait passer par là. » (Lc 19, 4)

Domination romaine, an 30 à 33

18 Zachée

Zachée, collecteur d'impôts à Jéricho, avait volé de l'argent. Il s'est retrouvé bien seul et voulait s'en sortir. Il voulait voir qui était Jésus. À sa grande surprise, Jésus s'est invité chez lui et a transformé sa vie. À partir de cette rencontre il va rembourser et commencer une nouvelle vie.

19 Ponce Pilate et Hérode

Le roi **Hérode** est un chef politique sous les ordres du pouvoir romain. Il complote avec **Pilate**, le procurateur romain, pour faire condamner Jésus et le mener à la mort sur la croix. Pourtant, il est intrigué par Jésus. De même, **Pilate** hésite à faire crucifier Jésus. Mais la lâcheté et la jalousie prennent le dessus face à la pression des chefs religieux juifs.

20 Marie Madeleine

Marie Madeleine est la première à rencontrer Jésus ressuscité au matin de Pâques. Elle venait au tombeau pensant trouver le corps de Jésus crucifié. Mais elle voit un homme : le jardinier ? Quand il l'appelle « **Marie** ! », elle est complètement retournée : c'est Jésus. Elle sera la première à le voir.

19

Ponce Pilate et Hérode

« Hérode... traita Jésus avec mépris et se moqua de lui : il le revêtit d'un manteau de couleur éclatante et le renvoya à Pilate. » (Lc 23, 11)

20

Marie Madeleine

« Marie Madeleine s'en va donc annoncer aux disciples : "J'ai vu le Seigneur !", et elle raconta ce qu'il lui avait dit. » (Jn 20, 18)

21

Matthieu, Marc, Luc, Jean

« Cher Théophile, dans mon évangile, j'ai parlé de tout ce que Jésus a fait et enseigné... » (Ac 1, 1)

Domination romaine, entre 30 et 90

21 Matthieu, Marc, Luc, Jean

Ils sont quatre à avoir écrit les évangiles. Chacun donne une manière de comprendre Jésus et son message d'amour. Ils avaient eu une vie avant : médecin ou collecteur d'impôts, mais ils ont été marqués par l'amour du Christ. Grâce à eux, on connaît Jésus, ses paroles, ses rencontres, ses actions.

Domination romaine, vers 35-40

22 Étienne

Étienne fait partie des sept hommes choisis aux débuts de l'Église pour des missions de service. Il est le premier martyr de l'Église : il a témoigné sa fidélité à Jésus jusqu'au bout. Quand il meurt, il prononce les mêmes paroles que Jésus sur la croix.

22

Étienne

« Étienne, pendant qu'on le lapidait, priait ainsi : "Seigneur Jésus, reçois mon esprit." » (Ac 7, 59)

23

Paul

« Malheur à moi si je n'annonçais pas l'Évangile ! » (1 Co 9, 16)

Domination romaine, années 35 à 65 environ

23 Paul

Quelques années après la mort et la résurrection de Jésus, **Paul** allait persécuter des chrétiens à Damas. Mais Jésus se fait connaître de lui comme le Sauveur qu'il attendait pour Israël. Il devient chrétien. Il fonde de nombreuses communautés chrétiennes. Il voyage beaucoup et leur envoie des lettres : il est le premier à écrire sur Jésus. Il est apôtre et modèle des disciples.

À partir de 33 jusqu'à nos jours

24 Les témoins et amis de Jésus

Après la résurrection de Jésus, les croyants ont porté le témoignage de la foi dans leur région et à travers le monde.

Seuls ou en équipe, comme Paul entouré de nombreux compagnons : Barnabé, Silas, Timothée, Tite... Ils ont permis à d'autres de rencontrer Jésus à leur tour et de choisir de le suivre.

24

Les témoins et amis de Jésus

« Les Églises s'affermissaient dans la foi et le nombre de leurs membres augmentait chaque jour. » (Ac 16, 5)

Pour faire le lien avec le temps liturgique,
la Toussaint, Noël, Pâques, la Pentecôte
et les autres fêtes, des ressources complémentaires
sont disponibles sur le site
www.alarencontreduseigneur.fr.

DIEU NOUS AIME

Je sais

Je sais que tu veux mon bonheur,
je sais que tu me connais par cœur.
Comme un père, tu viens à ma rencontre,
quand je suis seul et que je suis perdu.
Je sais que tu veux mon bonheur,
je sais que tu me connais par cœur.
Comme un père dont l'amour est si fort
qu'il brûle en moi les forces de la mort.

1. Je suis parti un jour loin de toi, loin des miens,
j'ai gaspillé l'amour, dépensé tout mon bien,
je n'étais plus libre et je n'étais plus rien,
personne pour m'aider, pour calmer ma faim.

2. Quand je suis revenu, tu as couru vers moi
et saisi de pitié, tu m'as pris dans tes bras.
Hier j'étais perdu, je me suis retrouvé,
alors que j'étais mort, tu m'as ressuscité.

3. J'avance sur la route, j'avance pas à pas,
je suis à ton écoute, je grandis dans la foi.
Je proclame ton nom, Dieu fort et tout-puissant,
mes yeux se sont ouverts, rien n'est plus comme avant.

4. Un jour je te verrai comme je suis vraiment,
créé à ton image dès le commencement,
je chanterai la joie de l'amour fraternel,
je chanterai la gloire du bonheur éternel.

Lis ces questions et discute
avec les autres enfants de ton équipe.

C'EST QUOI LE BONHEUR ?

- Qu'est-ce que ça veut dire « être heureux » ?
- Qu'est-ce qui empêche d'être heureux ?
- Avec qui suis-je heureux ?

- Qu'est-ce qui me rend heureux ?

- Qu'est-ce que je fais pour être heureux et pour rendre les autres heureux ?

LE BONHEUR

Trouve une photo
qui te fait penser au bonheur
et colle-la ici.

Ma photo du bonheur

Jalon personnel

Pour moi, à partir de ce que j'ai entendu ou de ce que je vis, qu'est-ce qui est important pour être heureux ? Sur mon carnet de vie, je l'écris, je le mets en poème ou je le dessine.

Luc 15, 11-32
Parle Seigneur, ta Parole est un Trésor, p. 347

LE PÈRE AUX DEUX FILS

2

RAOUL FOLLEREAU

« Être heureux, c'est faire des heureux ! »

Un jour en Afrique, en 1936...

Alors qu'il voyage dans le Sahara, le jeune journaliste Raoul Follereau tombe en panne à la sortie d'un village. Des hommes aux visages maigres et effrayés émergent peu à peu de la brousse. Raoul Follereau leur crie d'approcher, certains fuient, les autres ne bougent pas mais le regardent tristement. Il demande à son guide : « Qui sont ces hommes ? », « Ce sont des lépreux » répond-il. Cette explication ne suffit pas au journaliste : « Pourquoi sont-ils là ? », mais à chacune de ses questions, le guide répond invariablement : « Ce sont des lépreux ». Raoul Follereau insiste : « Au moins, les soigne-t-on ? », le guide se contente de hausser les épaules en s'éloignant. Cette rencontre est un choc pour le journaliste qui raconte lui-même : « Ce jour-là, que j'ai compris qu'il existait un crime impardonnable : la lèpre. »

Jalon personnel

Dans mon carnet de vie, je dessine ou choisis une image d'une action ou de quelqu'un que je veux garder dans ma mémoire pour penser à l'amour de Dieu.

C'est en 1942 que Raoul Follereau a véritablement l'occasion de mettre son énergie au service des lépreux. Une religieuse qu'il connaît bien lui confie sa peine au retour d'un voyage en Afrique. Elle a rencontré des lépreux parqués, rejetés, désespérés. Elle veut leur rendre leur dignité en construisant un village où chaque famille aura sa maison et pourra vivre librement. Raoul Follereau, qui n'a pas oublié sa rencontre de 1936, récolte de l'argent. Il parcourt la Terre et donne sa vie pour les lépreux du monde entier, qu'il est un des rares à toucher et embrasser.

JÉSUS CHRIST NOUS MONTRE L'AMOUR DU PÈRE

Luc 19, 1-10
Parle Seigneur, ta Parole est un Trésor, p. 354

Entoure les trois éléments que tu retrouves dans les illustrations des pages 12 et 13.

Jean 13, 1-17
Parle Seigneur, ta Parole est un Trésor, p. 387

Gloire à toi qui étais mort,
gloire à toi qui es vivant,
notre Sauveur et notre Dieu :
viens, Seigneur Jésus !

Mes frères, si quelqu'un prétend avoir la foi,
sans la mettre en œuvre, à quoi cela sert-il ?
Sa foi peut-elle le sauver ? Supposons qu'un
frère ou une sœur n'ait pas de quoi s'habiller,
ni de quoi manger tous les jours ;
si l'un de vous dit :
« Allez en paix ! Mettez-vous au chaud,
et mangez à votre faim ! » sans leur donner
le nécessaire pour vivre, à quoi cela sert-il ?
Ainsi donc, la foi, si elle n'est pas
mise en œuvre, est bel et bien morte.

Lettre de saint Jacques 2, 14-17

Jalon personnel

Je découpe le cœur de la page à découper sur lequel est écrit : « Aujourd'hui, il faut que j'aille demeurer chez toi ». Je le colle dans mon carnet de vie et j'écris ou je dessine ma réponse à Jésus.

JÉSUS VA JUSQU'AU BOUT DE L'AMOUR

Oui, Père très bon, c'est une fête pour nous ;
notre cœur est plein de reconnaissance :
avec Jésus, nous te chantons notre joie.
Tu nous aimes tellement que tu inventes
pour nous ce monde immense et beau.
Tu nous aimes tellement que tu nous
donnes ton Fils, Jésus, pour nous conduire à toi.
Tu nous aimes tellement que tu nous rassembles en lui,
comme les enfants d'une même famille !
Pour tant d'amour, nous voulons te rendre grâce
Et chanter notre merci avec les anges
et les saints qui t'adorent dans les cieux.
Saint ! Saint ! Saint, le Seigneur,
Dieu de l'univers !
Le ciel et la terre sont remplis de ta gloire.
Hosanna au plus haut des cieux.

Béni soit celui qui vient au nom du Seigneur.
Hosanna au plus haut des cieux.
Oui, béni soit Jésus, ton envoyé,
l'ami des petits et des pauvres.
Il est venu nous montrer comment
nous pouvons t'aimer et nous aimer les uns les autres.
Il est venu arracher du cœur des hommes
le mal qui empêche l'amitié,
la haine qui empêche d'être heureux.
Il a promis que l'Esprit Saint serait avec nous chaque jour
pour que nous vivions de ta vie.

Préface de la Prière eucharistique pour les assemblées d'enfants n° 2

Jalon collectif

Je souligne tous les mots qui disent l'amour de Dieu dans mon document. J'en choisis un ou plusieurs que j'écris sur un cœur pour former une guirlande avec mon équipe.

DES HOMMES, DES FEMMES, DES ENFANTS VONT JUSQU'AU BOUT DE L'AMOUR

Comment peut-on suivre Jésus en offrant une part de sa vie ? Avec ton équipe, découvre des témoins de Jésus qui ont consacré leur vie pour les autres…

SAINT MARTIN (316-397)

Martin est un jeune soldat romain de 20 ans, qui prépare son baptême. Un jour, alors qu'il patrouille dans les rues d'Amiens, au Nord de la Gaule, il rencontre un mendiant qui grelotte. Bouleversé, il coupe avec son épée son chaud manteau de laine rouge et lui donne pour le protéger du froid. La nuit, Jésus lui apparaît en rêve et lui dit : « Toi Martin, tu n'es pas encore baptisé, mais tu m'as couvert de ton manteau… »

SAINT VINCENT DE PAUL (1581-1660)

Vincent est un jeune prêtre plein d'ambition. À Paris, il fréquente les gens les plus hauts placés et rêve de mener la belle vie ! Mais un jour, Jésus frappe à la porte de son cœur et Vincent, bouleversé, comprend ce qu'Il attend de lui : s'occuper des pauvres, des enfants abandonnés, des malades, des mendiants. Vincent vient à leur aide, grâce au soutien de tous les gens importants qu'il connaît !

PAULINE JARICOT (1799-1862)

Pauline est née dans une riche famille de Lyon. Elle aurait pu mener une vie facile, protégée par la fortune et l'amour de ses parents. Mais, à 17 ans, des paroles d'un prêtre pendant la messe la bouleversent. Elle décide de mettre toute sa vie, toute son énergie au service de Jésus et invente plusieurs œuvres pour aider les missionnaires et les plus démunis.

ALBEIRO VARGAS (NÉ EN 1979)

Bouleversé par la misère des vieillards de son quartier, dans une grande ville de Colombie, Albeiro commence à s'en occuper dès l'âge de 8 ans. Tous les jours, à la sortie de l'école, il fait du porte-à-porte pour demander de la nourriture pour ceux qui sont à la rue. Très vite, il demande à ses sœurs, à ses cousins et à d'autres enfants du quartier de l'aider, gratuitement. Les « Anges gardiens » apportent nourriture et tendresse, lavent, nourrissent et consolent les personnes âgées abandonnées de tous.

Jalon personnel

J'écris, je dessine ou je choisis une image pour exprimer dans mon carnet de vie comment, avec l'aide de l'Esprit Saint, je donne ou pourrais donner un peu de ma vie.

Quelles sont, à ton avis, les qualités indispensables pour être témoin ?

T ....

É ....

M ....

O ....

I ....

N ....

Tu m'aimes tel que je suis

Dieu notre Père, tu m'aimes tel que je suis.

Tu m'invites à aimer comme toi ; c'est parfois difficile.

Mais ton Esprit d'amour nous pousse à aimer
comme Jésus ton Fils nous aime.

Merci Seigneur, toi qui nous montres le chemin de l'amour vrai
et qui nous donnes la force de le suivre.

Merci pour tous ceux qui font confiance à l'amour de Jésus
et qui donnent du bonheur autour d'eux.

Je te demande pardon, Seigneur, si j'ai parfois manqué d'amour.

S'il te plaît, aide ... (je nomme les personnes pour qui je veux prier)
à découvrir toujours mieux à quel point tu les aimes.

COMME UN CADEAU

*« Je crois en Dieu,
le Père tout-puissant. »*

Dieu m'attend,
il veut mon bonheur
en m'offrant
son amour.

J'AI PU DÉCOUVRIR QUE…

Accueillir Jésus
dans ma vie peut
me rendre heureux.

Jésus a donné sa vie
par amour
pour les hommes.

Répondre à l'amour
de Dieu me conduit
à me tourner vers les autres
pour les aimer.

DIEU SE FAIT PROCHE

Amis dans le Seigneur

Risquerons-nous
d'être amis dans le Seigneur,
oserons-nous
ouvrir nos portes, ouvrir nos cœurs
à cet Homme, ce Dieu pour la vie,
qui nous nomme « amis » ?

1. Quand mon chemin a commencé,
tu es venu m'accompagner
et tu es là, tout près de moi,
amis aujourd'hui, amis pour la vie.

2. Sur mon chemin tu as tracé
l'empreinte de notre amitié.
C'est toi, mon frère, tu es ma pierre,
amis aujourd'hui, amis pour la vie.

3. C'est ton chemin qui est donné
à suivre en toute liberté.
Chacun sa voie mais avec toi,
amis aujourd'hui, amis pour la vie.

Entourer le mot qui est répété plusieurs fois.

Bien-aimés,
aimons-nous les uns les autres,
puisque l'amour vient de Dieu.
Celui qui aime est né de Dieu et connaît Dieu.
Celui qui n'aime pas n'a pas connu Dieu,
car Dieu est amour.

Voici comment l'amour de Dieu
s'est manifesté parmi nous :
Dieu a envoyé son Fils unique dans le monde
pour que nous vivions par lui.
Voici en quoi consiste l'amour :
ce n'est pas nous qui avons aimé Dieu,
mais c'est lui qui nous a aimés,
et il a envoyé son Fils
en sacrifice de pardon pour nos péchés.
Bien-aimés, puisque Dieu nous a tellement aimés,
nous devons, nous aussi, nous aimer les uns les autres.

Première épître de saint Jean 4, 7-11

Pour chaque lettre, trouve et écris un mot qui te paraît important dans l'amitié.

A ....

M ....

I ....

T ....

I ....

É ....

SŒUR EMMANUELLE

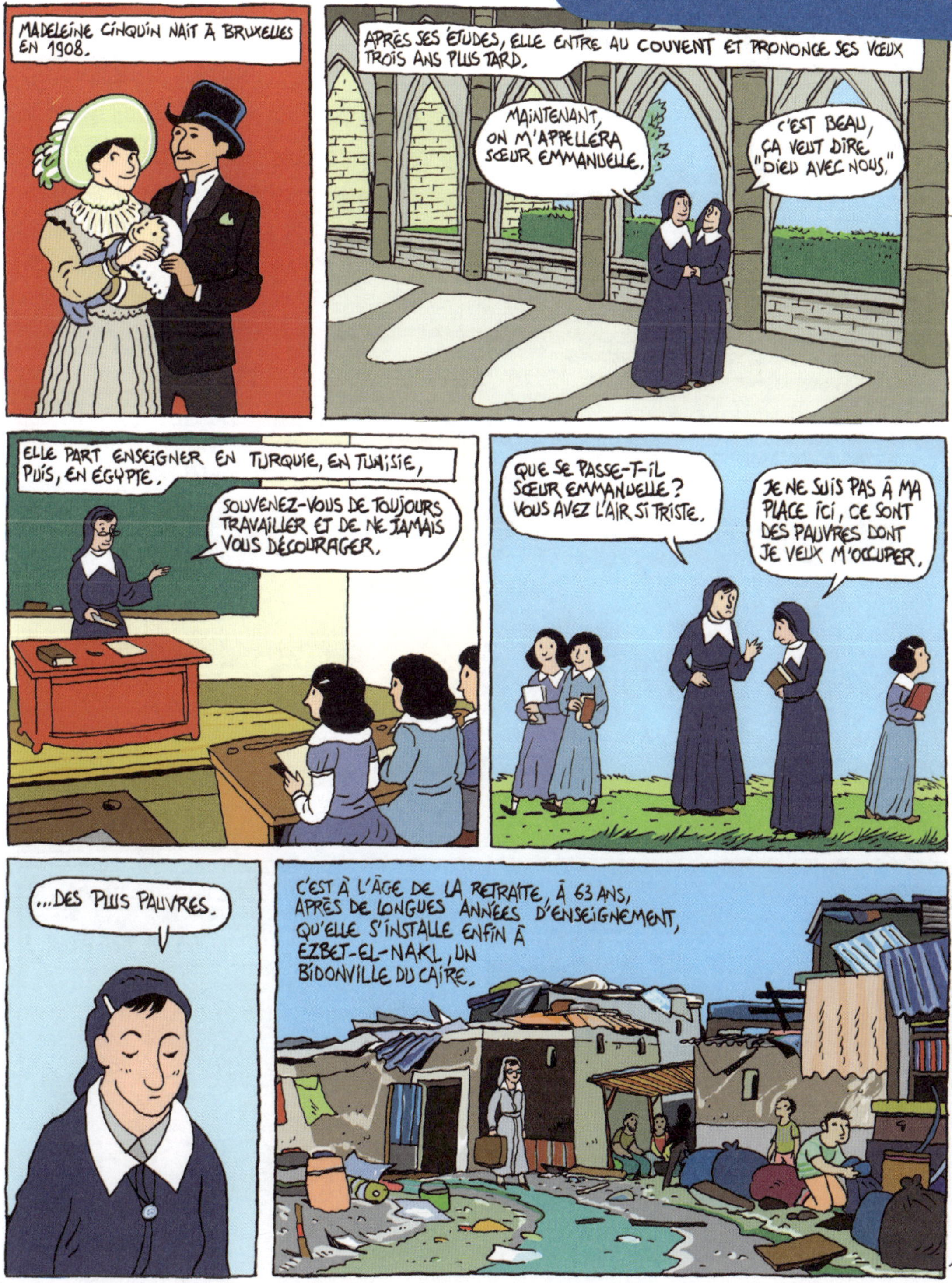

ELLE VIT CINQ ANS PARMI LES CHIFFONNIERS QUI RAMASSENT LES ORDURES.
BONJOUR, JE PEUX T'AIDER ?
VOUS ? RAMASSER LES ORDURES ?
SI ON TRAVAILLE ENSEMBLE, ON VA S'EN SORTIR.
ESPÉRONS.
YALLA ! EN AVANT ! QUAND ON AIME, LA VIE EST BELLE.
QU'EST-CE QUE VOUS FAITES ?
J'ÉCRIS UN LIVRE POUR RACONTER TOUT CE QU'ON FAIT ICI ÇA VA NOUS AIDER.

SON LIVRE ET SA GÉNÉROSITÉ L'ONT FAIT CONNAÎTRE ET AIMER DU MONDE ENTIER.
AVEC CET ARGENT RÉCOLTÉ, ON VA CONSTRUIRE DES ÉCOLES ET PERMETTRE AUX CHIFFONNIERS DE VIVRE DIGNEMENT.
SEIGNEUR, MON DIEU, AGIS ICI POUR CHANGER LEURS VIES ET RÉPANDRE SUR EUX TON SALUT ET TA BÉNÉDICTION.
J'AI TROUVÉ UN TRAVAIL ! J'AI TROUVÉ UN TRAVAIL ! GRÂCE À VOUS TOUTES !
GRÂCE À DIEU, MON AMI, GRÂCE À DIEU.
À 85 ANS, APRÈS PLUS DE VINGT ANNÉES PASSÉES AUPRÈS DES PLUS DÉMUNIS, SŒUR EMMANUELLE RENTRE EN FRANCE ET TRAVAILLE AU DÉVELOPPEMENT DE L'ASSOCIATION ASMAE QU'ELLE A CRÉÉE POUR SOUTENIR LES PLUS DÉMUNIS.
ELLE MEURT EN 2008.

Prions avec sœur Emmanuelle

Seigneur, je veux être ton ami.
Pour cela, chaque jour, je viendrai m'asseoir près de toi.
Je te regarderai, tu me regarderas.
Il y a tant de choses dans un simple regard !
Je ne sais pas toujours te parler.
Apprends-moi seulement à t'écouter dans le silence de mon cœur.
Fais-moi découvrir aussi que je suis unique pour toi.
Apprends-moi à aimer les autres comme toi tu les aimes.
Aide-moi à reconnaître que chacun est important et précieux à tes yeux.

D'après une prière de sœur Emmanuelle

Jalon personnel

Dans ce que nous venons de vivre, qu'est-ce qui me semble important aujourd'hui pour bien vivre avec les autres et avec Dieu ? Sur mon carnet de vie, je l'écris, je le mets en poème ou je le dessine.

L'action de sœur Emmanuelle continue !

Portée par sa foi, sœur Emmanuelle a créé une association pour que son action ne disparaisse pas avec elle. Cette association s'appelle Asmae et est présente dans plusieurs pays.

À la suite de sœur Emmanuelle, autour de sa fidèle amie sœur Sara, des hommes et des femmes se rendent proches des enfants dans la misère et de leur famille. Ils les aident à aller à l'école et à se faire soigner.

En Inde, pour les enfants les plus démunis, Asmae a créé des écoles où on leur apprend à lire, à écrire et à construire eux-mêmes leur avenir.

Sœur Emmanuelle et sœur Sara dans une école du Caire, en 1986.

« Yalla ! Quand on aime, la vie est belle ! »

« Je rendrai ta descendance aussi nombreuse que les étoiles du ciel. »

Genèse 22, 17

Abraham

« J'ai vu la misère de mon peuple [...]. Maintenant donc, va ! [...] tu feras sortir d'Égypte mon peuple, les fils d'Israël. »

Exode 3, 7 et 10

Moïse

« Dieu ne regarde pas [...] l'apparence, mais le Seigneur regarde le cœur. »

1 Samuel 16, 7

David

« Il n'y aura plus de mal ni de corruption. »

Isaïe 11, 9

Isaïe

« Je pardonnerai leurs fautes,
je ne me rappellerai plus leurs péchés. »

Jérémie 31, 34

Jérémie

« Préparez le chemin du Seigneur. »

Luc 3, 4

Jean Baptiste

« Voici venir des jours – oracle du Seigneur – où j'accomplirai la parole de bonheur que j'ai adressée à la maison d'Israël et à la maison de Juda : En ces jours-là, en ce temps-là, je ferai germer pour David un Germe de justice, et il exercera dans le pays le droit et la justice. »

Jérémie 33, 14-15

« Celui qui va naître sera saint, et il sera appelé Fils de Dieu. »

Luc 1, 35

Marie

Jalon personnel

J'écris ou je dessine dans mon carnet de vie un mot, une phrase, un nom, un geste qui m'étonne, me surprend ; ce que je veux garder dans tout ce que je viens de vivre.

11
10
9
6
5
4
8

12
2
1
3
7

Marc 12, 41-44
Parle Seigneur, ta Parole est un Trésor, p. 319

Marc 10, 13-16
Parle Seigneur, ta Parole est un Trésor, p. 312

Marc 7, 31-37
Parle, Seigneur, ta parole est un Trésor, p. 310

« Et moi, je suis avec vous tous les jours jusqu'à la fin du monde. » Matthieu 28, 20

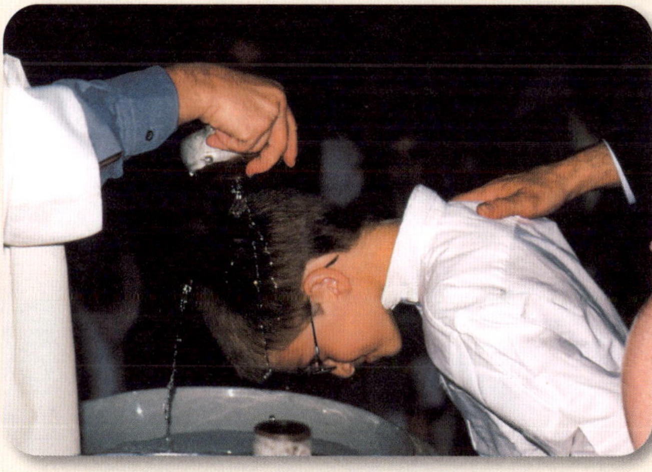

Découpe les étiquettes de la page 21 (à la fin de ce livre) et colle-les au bon endroit.

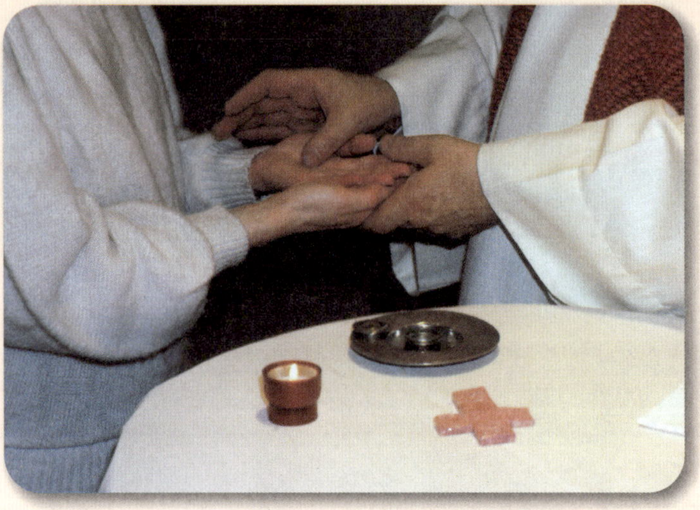

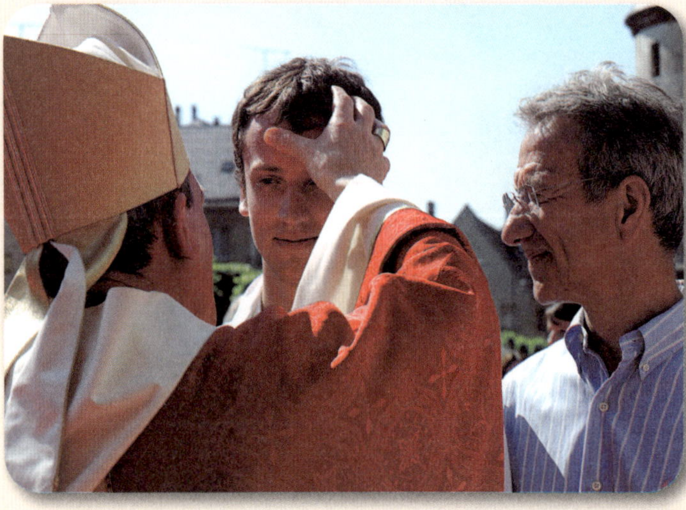

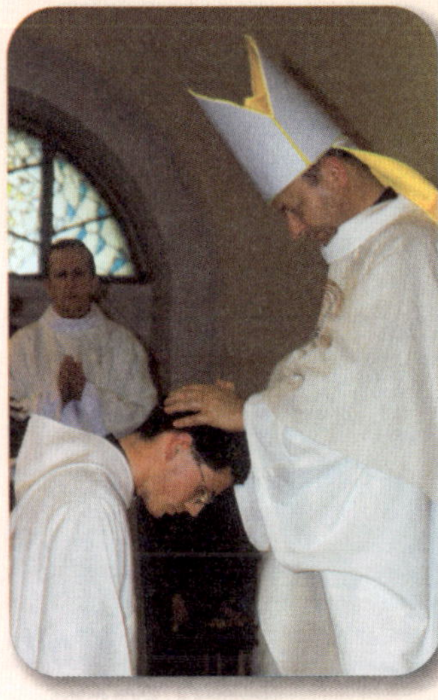

d'u

Ma photo de sacrement

Jalon personnel

À la suite de Jésus, qu'est-ce que je choisis de faire personnellement pour vivre plus proche des autres (amis, famille, voisins, etc.) et plus proche de Jésus (encourager, réconcilier, aider, visiter, téléphoner, écouter, partager, inviter) ? Sur mon carnet de vie, je l'écris, je le mets en poème ou je le dessine.

Tu es toujours là, avec moi

Seigneur je le crois, tu es toujours là, avec moi,
dans les moments heureux comme dans les moments difficiles.

Tu me connais. Tu sais bien que parfois
j'ai du mal à te suivre mais tu sais aussi que je t'aime.

Lorsque je suis triste, tu es là. Ta présence me réconforte.

Tu es la lumière qui me montre le chemin.

Merci de veiller sur moi, sur tous ceux que j'aime.
Merci de nous avoir promis d'être avec nous tous les jours.

Donne-nous ton Esprit Saint
pour que nous vivions ensemble dans ton amour.

COMME UN CADEAU

« Pour nous les hommes, et pour notre salut, il descendit du ciel. Par l'Esprit Saint, il a pris chair de la Vierge Marie, et s'est fait homme. »

L'amitié se construit petit à petit, et je peux être proche de Dieu par la prière.

J'AI PU DÉCOUVRIR QUE...

Aujourd'hui comme depuis toujours, Dieu désire entrer en relation avec les hommes.

Jésus, Fils de Dieu
est venu partager
notre vie humaine
et nous donner sa vie.

Par les sacrements,
je reçois la force
de l'amour de Dieu.

DIEU CRÉE PAR SA PAROLE

CHANT

Ta Parole est vivante

Dieu, ta Parole est vivante, ta Parole donne vie !
Dieu, ta Parole est puissante, ta Parole nous conduit !

1. Depuis que tu fis notre monde,
plaçant l'homme au cœur de ta création,
Seigneur, ta Parole est féconde
et chacun, tu l'appelles par son nom !

2. Ton Fils est venu sur la terre
nous apprendre l'amour qui vient de toi.
Parole vivante du Père,
à l'entendre, nous tressaillons de joie !

3. Comme vient la pluie sur la terre
pour que lève le grain qu'on a semé,
que ton Esprit Saint nous éclaire :
ta Parole en nos vies pourra germer !

4. Nous irons porter à tout homme
des paroles de justice et d'amour.
Nous voulons bâtir ton Royaume
en vivant ta Parole chaque jour !

Dieu dit…

… et Dieu vit que cela était bon… que cela était très bon.

CÉLÉBRATION DE LA PAROLE

Procession d'entrée

Proclamation de la Parole

« Si quelqu'un m'aime,
il gardera ma parole ;
mon Père l'aimera,
nous viendrons vers lui,
et, chez lui, nous nous ferons
une demeure. »
(Jean 14, 23)

Ta Parole, Seigneur, est lumière,
gloire et louange à toi.
Ta Parole, Seigneur, nous éclaire,
gloire et louange à toi.
Ta Parole, Seigneur, nous fait vivre,
gloire et louange à toi.

Démarche personnelle

« N... Dieu t'aime,
il te connaît
par ton nom. »

Dieu t'aime,
il te connaît
par ton nom.

L'envoi

Jalon personnel

Dans mon carnet de vie, j'écris ou je dessine ce que j'ai envie de dire au Seigneur.

Paroles de tous les jours

Complète avec les paroles blessantes ou réconfortantes de ton choix.

Les paroles de Paul

Jalon personnel

Dans mon carnet de vie, je note ce qui me surprend, me touche ou me questionne dans la vie de Paul, ainsi que la parole de Paul que je choisis de garder.

Rome
Philippes
Thessalonique
Athènes
Corinthe
N
O
E
S
Les paroles de Paul

LES GALATES
Lystre
Tarse
Ephèse
Colosse
rète
vers
Damas
Jérusalem

LA FEMME ADULTÈRE

Jean 8, 1-11
Parle Seigneur, ta Parole est un Trésor, pp. 377-378

COMME ON PERSISTAIT À L'INTERROGER, IL SE REDRESSA ET LEUR DIT :
CELUI D'ENTRE VOUS QUI EST SANS PÉCHÉ QU'IL SOIT LE PREMIER À LUI JETER LA PIERRE.
ET IL SE BAISSA DE NOUVEAU POUR TRACER DES TRAITS SUR LE SOL.
QUANT À EUX, ILS S'EN ALLAIENT L'UN APRÈS L'AUTRE EN COMMENÇANT PAR LES PLUS AGÉS, JÉSUS RESTA SEUL AVEC LA FEMME EN FACE DE LUI.
IL SE REDRESSA ET LUI DEMANDA...
FEMME, OÙ SONT-ILS DONC ? ALORS, PERSONNE NE T'A CONDAMNÉE ?
PERSONNE, SEIGNEUR.
MOI NON PLUS JE NE TE CONDAMNE PAS. VA, ET DÉSORMAIS NE PÈCHE PLUS.
2

DÉCOUVRIR LA BIBLE

La montagne
Lieu privilégié de la rencontre avec Dieu

L'annonce
Message de Dieu pour un avenir

Le jardin
Des lieux de création, de vie, de mort et de renouveau

Le désert
Lieu de l'épreuve

L'appel
Entendre l'appel de Dieu

L'eau
Élément de mort et de vie nouvelle

Les repas
Un temps de réconfort, de partage, d'intimité

Le vent
La présence de Dieu

La parole
Dieu crée par sa Parole

Seigneur, ouvre mes lèvres

Seigneur notre Dieu, dans ma vie de tous les jours,
je peux dire des paroles blessantes,
poser des gestes destructeurs.

Je t'en demande pardon, toi qui es Amour et Vie.

Par ta Parole, tu crées, tu relèves et fais vivre.

Envoie sur moi ton Esprit pour m'inspirer
des paroles et des gestes qui encouragent,
relèvent et accompagnent les personnes qui m'entourent.

COMME UN CADEAU

« Je crois en un seul Dieu, le Père tout-puissant, créateur du ciel et de la terre, de l'univers visible et invisible. Je crois en un seul Seigneur, Jésus Christ, le Fils unique de Dieu, né du Père avant tous les siècles. [...] Je crois en l'Esprit Saint, qui est Seigneur et qui donne la vie. »

Il est important de m'appuyer sur la Parole de Dieu pour avoir des paroles et gestes qui donnent vie.

J'AI PU DÉCOUVRIR QUE...

La Parole de Dieu
donne vie.
Dieu m'aime,
il me connaît par mon nom.
Cette parole peut
éclairer ma vie.

Jésus relève par ses paroles
et par ses actes.
Il rejoint mon cœur.

Écouter Jésus et choisir
de mettre mes paroles
et mes actes en accord avec lui,
cela va porter du fruit :
fruit de paix, de joie, d'amour,
de charité…

DIEU SAUVE ET LIBÈRE

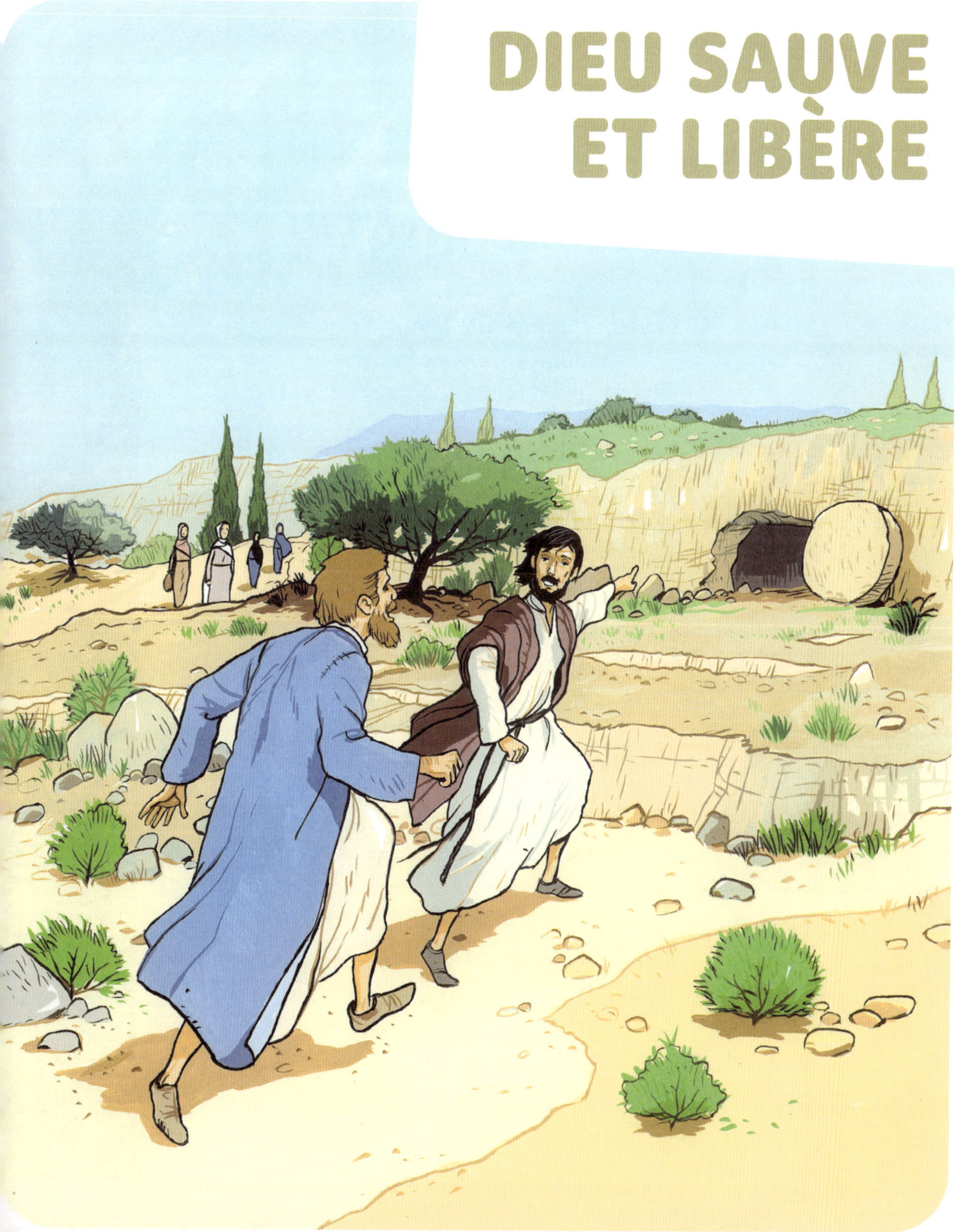

CHANT

Je veux chanter ton amour

Je veux chanter ton amour, Seigneur,
chaque instant de ma vie.
Danser pour toi en chantant ma joie
et glorifier ton nom.

1. Ton amour pour nous, est plus fort que tout
et tu veux nous donner la vie,
nous embraser par ton Esprit.
Gloire à toi !

2. Oui, tu es mon Dieu, tu es mon Seigneur,
toi seul es mon libérateur,
le rocher sur qui je m'appuie.
Gloire à toi !

3. Car tu es fidèle, tu es toujours là,
tout près de tous ceux qui te cherchent.
Tu réponds à ceux qui t'appellent.
Gloire à toi !

4. Avec toi, Seigneur, je n'ai peur de rien.
Tu es là sur tous mes chemins.
Tu m'apprends à vivre l'amour.
Gloire à toi !

JOSEPH WRESINSKI
ET GENEVIÈVE ANTHONIOZ DE GAULLE

* JOC : JEUNESSE OUVRIÈRE CHRÉTIENNE.

* ATD : AIDE À TOUTE DÉTRESSE.

MERCI D'ÊTRE VENUE.
PÈRE JOSEPH, QUE PUIS-JE FAIRE POUR VOUS ?
NOUS AVONS BESOIN DE CHARBON POUR L'HIVER ET D'UN SALON DE COIFFURE.
JE PEUX M'EN OCCUPER EN LANÇANT UN APPEL À LA RADIO.
NOUS VOULONS AUSSI OUVRIR UNE BIBLIOTHÈQUE, ET RÉCLAMER DES LOGEMENTS CORRECTS AU GOUVERNEMENT.
JE VAIS QUITTER LE MINISTÈRE ET VOUS AIDER.
DE PLUS EN PLUS ENTOURÉ, LE PÈRE JOSEPH CONTINUE SON COMBAT CONTRE LA MISÈRE POUR REDONNER LEUR DIGNITÉ AUX HABITANTS DE NOISY ET D'AILLEURS.
GENEVIÈVE DEVIENT PRÉSIDENTE DE L'ASSOCIATION ET CONTINUE L'ŒUVRE DU PÈRE JOSEPH QUI MEURT EN 1992. À L'ASSEMBLÉE NATIONALE...
ON DOIT DONNER À CHACUN LES MOYENS DE VIVRE ! LOGEMENT, ÉDUCATION, NOURRITURE...

Un mouvement d'espérance face à la détresse

ATD* Quart Monde

En devenant prêtre, Joseph Wresinski avait pour résolution de combattre la misère. Son action s'est concrétisée par la création de l'association ATD Quart Monde qui permet encore aujourd'hui à des bénévoles d'aider les personnes en détresse à retrouver espoir et dignité.

C'est quoi, le quart-monde ?
Le quart-monde est un terme inventé par Joseph Wresinski pour désigner les personnes les plus défavorisées.

L'association ATD Quart Monde a mis en place des bibliothèques de rue, comme celle-ci dans la banlieue de Reims.

Tapori

En Inde, en 1965, Joseph Wresinski a rencontré les Tapoori, des enfants qui partagent la nourriture trouvée pour survivre ensemble. C'est en leur honneur que Joseph a créé Tapori, un mouvement d'amitié et de solidarité entre les enfants du monde. Car selon lui, **« l'amitié, c'est le plus important qu'on puisse donner ».**

Les Enfants Étoiles de Bukaru (Congo) ont formé leur groupe de solidarité Tapori et se retrouvent pour reconstruire ensemble les maisons détruites par la pluie.

Jalon personnel

À partir de tout ce que je viens de découvrir, qu'est-ce qui me paraît important pour venir en aide aux autres ? Qu'est-ce que je peux demander à Dieu pour m'y aider ?

*Aide à Toute Détresse

LE BÂTON DE MOÏSE

Jalon personnel

Je dessine un bâton sur mon carnet de vie. J'écris les mots que je veux garder pour moi et qui me disent quelque chose de Dieu.

Exode 3, 1-12
Parle Seigneur, ta Parole est un Trésor, pp. 58-59

Exode 14
Parle Seigneur, ta Parole est un Trésor, pp. 68-70

Exode 16
Parle Seigneur, ta Parole est un Trésor, p. 71

Exode 19
Parle Seigneur, ta Parole est un Trésor, pp. 72-73

PENDANT SA VIE PUBLIQUE, JÉSUS ÉTONNE ET DÉRANGE

Matthieu 5, 17

Jésus dit d'une manière nouvelle
ce qui est enseigné par la Loi.

Matthieu 8, 5-10

Il dit que Dieu aime tous les hommes.

Luc 16, 19-31

Il dit qu'on ne peut vraiment aimer Dieu
sans aimer ses frères.

Il dit que chacun est invité à pardonner.

Il guérit des malades, parfois le jour du sabbat, jour où l'on n'a pas le droit de travailler.

Cela choque beaucoup les juifs attachés aux traditions.

CHEMIN D'AMOUR, CHEMIN DE CROIX DE JÉSUS

1 Jésus vient à Jérusalem pour fêter la Pâque.
Jean 12, 13-14

2 Le jeudi soir, Jésus se met à table avec ses apôtres.
Luc 22, 19-20

3 Jésus lave les pieds de ses apôtres.
Jean 13, 14-15

4 Après le repas, Jésus va prier au jardin des Oliviers.
Luc 22, 39-46

5 Jésus est livré par Judas.
Marc 14, 43-45

6 Jésus est arrêté pour être jugé.
Jean 18, 12-13

7 Pierre nie connaître Jésus.
Luc 22, 54-62

8 Les soldats tressent une couronne d'épines qu'ils posent sur la tête de Jésus.
Matthieu 27, 27-31

Jalon personnel

Chacun écrit ou dessine dans son carnet de vie ce qu'il souhaite garder pour lui.

Jésus tombe sous le poids de sa croix.

10

11

Jésus rencontre Simon de Cyrène.
Marc 15, 21

9

Jésus porte sa croix vers le Calvaire.
Jean 19, 17

Jésus est crucifié.

12

Jésus meurt sur la croix.
Luc 23, 34-36

13

14

Jésus est mis au tombeau.
Marc 15, 46-47

Jésus est ressuscité.

Marc 16, 6

JÉSUS ET LA PÉCHERESSE

Parle Seigneur, ta Parole est un Trésor, p. 338

Un pharisien avait invité Jésus à manger avec lui. Jésus entra chez lui et prit place à table. Survint une femme de la ville, une pécheresse. Ayant appris que Jésus était attablé dans la maison du pharisien, elle avait apporté un flacon d'albâtre contenant un parfum. Tout en pleurs, elle se tenait derrière lui, près de ses pieds, et elle se mit à mouiller de ses larmes les pieds de Jésus. Elle les essuyait avec ses cheveux, les couvrait de baisers et répandait sur eux le parfum.
En voyant cela, le pharisien qui avait invité Jésus se dit en lui-même : « Si cet homme était prophète, il saurait qui est cette femme qui le touche, et ce qu'elle est : une pécheresse. » Jésus, prenant la parole, lui dit: « Simon, j'ai quelque chose à te dire. – Parle, Maître. » Jésus reprit : « Un créancier avait deux débiteurs ; le premier lui devait cinq cents pièces d'argent, l'autre cinquante. Comme ni l'un ni l'autre ne pouvait les lui rembourser, il en fit grâce à tous deux. Lequel des deux l'aimera davantage ? » Simon répondit : « Je suppose que c'est celui à qui on a fait grâce de la plus grande dette. – Tu as raison », lui dit Jésus.
Il se tourna vers la femme et dit à Simon : « Tu vois cette femme ? Je suis entré dans ta maison, et tu n'as pas versé de l'eau sur mes pieds ; elle, elle les a mouillés de ses larmes et essuyés avec ses cheveux. Tu ne m'as pas embrassé ; elle, depuis qu'elle est entrée, elle n'a pas cessé d'embrasser mes pieds. Tu n'as pas fait d'onction sur ma tête ; elle, elle a répandu du parfum sur mes pieds. Voilà pourquoi je te le dis : ses péchés, ses nombreux péchés, sont pardonnés, puisqu'elle a montré beaucoup d'amour. Mais celui à qui on pardonne peu montre peu d'amour. »
Il dit alors à la femme : « Tes péchés sont pardonnés. » Les convives se mirent à dire en eux-mêmes : « Qui est cet homme, qui va jusqu'à pardonner les péchés ? » Jésus dit alors à la femme : « Ta foi t'a sauvée. Va en paix ! »

Évangile selon Luc 7, 36-50

Jalon personnel

Je note sur mon carnet de vie ce que je répondrais à Jésus s'il me disait : « Ta foi t'a sauvé(e). Va en paix ! »

LA RÉCONCILIATION

Ce que tu dis au prêtre, il le garde pour lui. Tu peux tout lui confier, il ne te jugera pas et ne se souviendra pas de ce que tu lui as dit. À travers lui, c'est Jésus qui t'écoute.

« Mon Dieu,
j'ai péché contre toi et mes frères,
mais près de toi se trouve le pardon.
Accueille mon repentir
et donne-moi la force de vivre
selon ton amour. »

Ensuite, tu reçois le pardon de Dieu
lorsque le prêtre place sa main au-dessus de ta tête
et lorsqu'il dit les paroles de l'absolution.
C'est comme si Jésus te disait :
« Va en paix, tu es mon enfant bien-aimé. »

« Je te pardonne
tous tes péchés,
au nom du Père et du Fils
et du Saint-Esprit. »

Jean 20, 1-10
Parle Seigneur, ta Parole est un Trésor, pp. 394-395

LE MATIN DE PÂQUES

Seigneur, tu es vivant

Seigneur Jésus, si je ne parle de toi qu'au passé,
si je dis : « Jésus était bon,
Jésus guérissait les malades »,
je te cherche parmi les morts...
Mais tu es vivant !
Tu souris dans le regard
de celui qui pardonne.
Tu rayonnes dans l'enthousiasme
de celui qui annonce l'Évangile.
Tu donnes ta vie dans le combat
de celui qui affronte l'injustice.
Tu es vivant, Seigneur,
et tu nous envoies annoncer partout
que la mort est vaincue.
Tu nous offres de vivre avec toi,
pour toujours !
Dès aujourd'hui tu nous apprends
à vivre de la vie de Dieu,
dans l'amour,
comme des ressuscités !

COMME UN CADEAU

« Crucifié pour nous sous Ponce Pilate,
il souffrit sa passion et fut mis au tombeau.
Il ressuscita le troisième jour,
conformément aux Écritures. »

Jésus est venu sauver les hommes, il pardonne les péchés.
Il me pardonne en offrant l'amour de Dieu son Père.

J'AI PU DÉCOUVRIR QUE…

Je peux faire confiance à Dieu, il m'accompagne à tout moment, surtout dans les moments difficiles.

Jésus a traversé la mort.
Dieu son Père l'a ressuscité,
je veux le croire.

Jésus a offert sa vie
pour nous, je peux
en témoigner
en me mettant au
service des autres.

Aujourd'hui,
il faut que j'aille
demeurer
dans
ta maison

DIEU NOUS AIME

DIEU SE FAIT PROCHE

Le baptême

La réconciliation

Le sacrement des malades

La confirmation

L'eucharistie

L'ordination

Le mariage

Et moi, au nom du Père, du Fils et du Saint-Esprit, je vous pardonne tous vos péchés.

Je te baptise au nom du Père et du Fils et du Saint-Esprit.

Que le Seigneur, en sa grande bonté, vous réconforte par la grâce de l'Esprit Saint.

Sois marqué de l'Esprit Saint, le don de Dieu.

Répands sur lui ta bénédiction toute-puissante, par Jésus, le Christ, notre Seigneur.

Prenez et mangez-en tous, ceci est mon Corps livré pour vous.

Je te reçois comme époux(se) et je me donne à toi.

DIEU CRÉE PAR SA PAROLE

Au bord du chemin

Sur le sol pierreux

Dans les ronces

Sur la bonne terre

Les oiseaux sont venus tout manger.

Faute de racine ils ont séché.

Les ronces les ont étouffés.

Ils ont donné du fruit.

DIEU SAUVE ET LIBÈRE

CALENDRIER LITURGIQUE

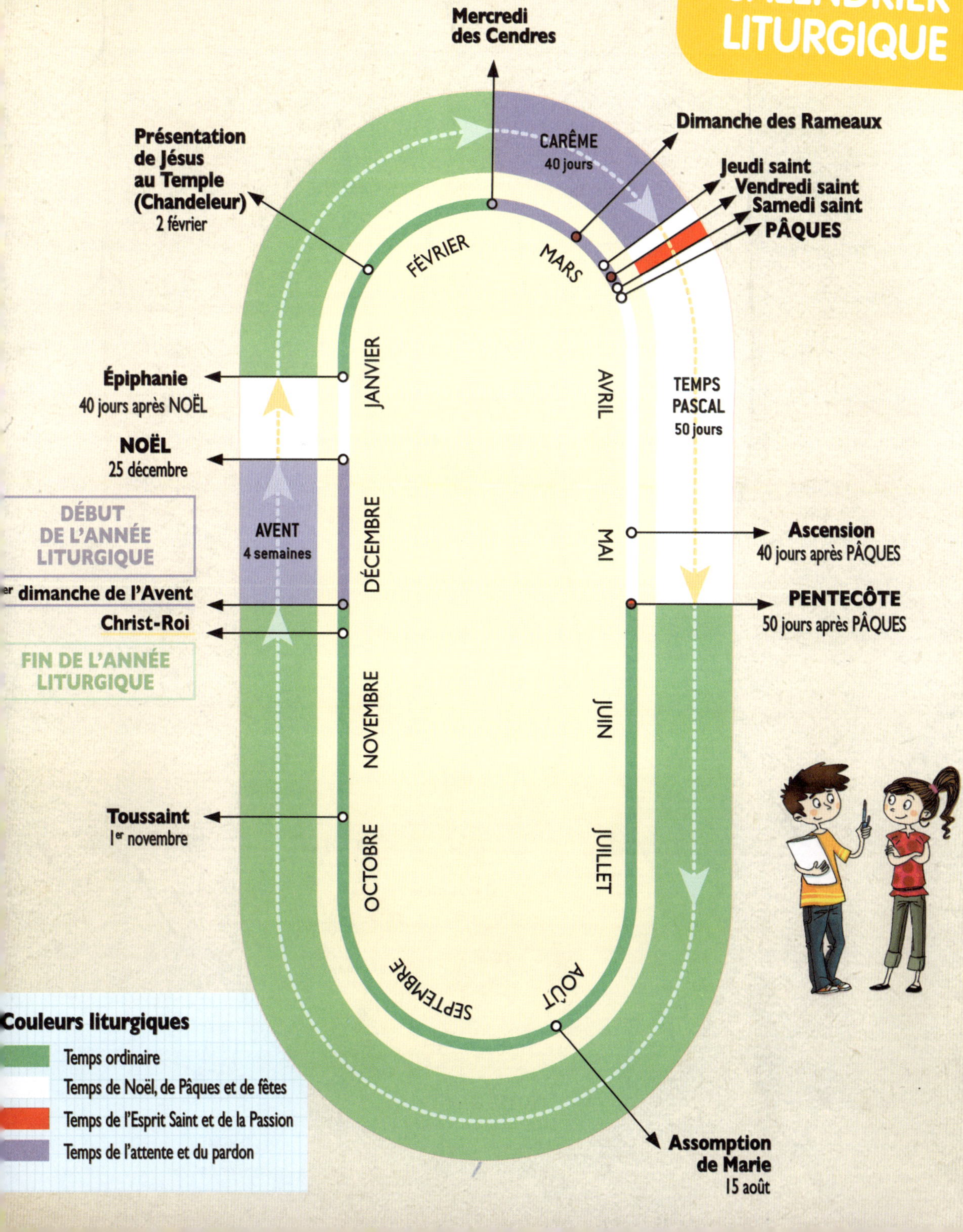

LE PAYS DE JÉSUS